EDOUARD DECOUX-LAGOUTTE

JOSEPH BRUNET

1829–1891

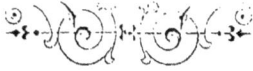

TULLE
IMPRIMERIE CRAUFFON
1. Rue Général-Delmas. 1

1891

JOSEPH BRUNET

TIRÉ A 200 EXEMPLAIRES

N^o _____

EDOUARD DECOUX-LAGOUTTE

JOSEPH BRUNET

1829-1891

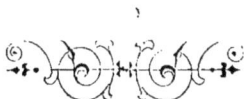

TULLE

IMPRIMERIE CRAUFFON

1. Rue Général-Delmas. 1

1891

JOSEPH BRUNET

Le 6 janvier 1891, est mort à la Bourgade, commune de Saint-Hilaire-Bonneval, à l'âge de soixante-un ans, après de longues et terribles souffrances, un homme dont la vie a honoré son pays. Les regrets des amis de Brunet ont été dits, au lendemain de sa disparition, dans des pages pleines d'émotion et de talent (1). Je n'espère pas faire mieux ; j'ai seulement le désir de compléter les renseignements qu'on a déjà fait connaître. Je l'ai vu de près pendant toute ma vie ; j'ai eu l'honneur d'être son collaborateur au ministère de l'Instruction publique, des Cultes et des Beaux-Arts, et si beaucoup d'autres auraient rempli la tâche que je me suis assignée, avec un talent qui me fait défaut, je crois pouvoir affirmer que nul ne l'aurait fait avec plus de conscience et de vérité.

---

(1) Voir notamment les articles de MM. Emmanuel Crauffon, Guibert, Tanchon.....

I

Joseph-Mathieu Brunet naquit à Pompadour le
4 mars 1829. Il était encore tout enfant lorsqu'il
perdit sa mère. Son père, officier comptable au
Haras de Pompadour, voulut se consacrer à son
éducation. Quoiqu'il occupât des fonctions mo-
destes, c'était un esprit distingué et des plus
cultivés. Il s'était présenté au concours pour
l'Ecole normale supérieure et avait été admis
dans un bon rang. Il allait partir et sa destinée
eut été changée; mais ses parents, qui habitaient
Uzerche, n'étaient pas riches. Il craignit d'être
pour eux pendant longtemps encore une cause de
dépenses hors de proportion avec leur fortune, et
il accepta le poste de comptable à Pompadour,
situation qu'il conserva presque toute sa vie.

Il était donc bien préparé pour fournir à la
précoce intelligence de son fils les bases d'une
solide instruction classique. Les succès éclatants de
celui-ci, d'abord aux petits séminaires de Brive,
Ussel et de Servières, puis au lycée de Limoges, où il
termina ses études, démontrèrent en même temps
les aptitudes et le travail de l'élève et l'excellence
de la méthode d'enseignement de son premier
maître.

Joseph Brunet était plein de reconnaissance
pour les soins et le dévouement de son père, et
c'est avec une légitime fierté qu'en recevant les
membres du corps enseignant de Paris au minis-

tère de l'Instruction publique, il rappelait ses sou-
venirs d'enfance et de collège (1).

Outre le dévouement de son père, Brunet avait
eu le bonheur de trouver dans Mme de Lespinats,
femme du directeur du Haras de Pompadour, les
soins éclairés et vigilants d'une seconde mère.
Aussi, pendant toute sa vie, a-t-il conservé de
cette femme distinguée un souvenir pieux.

Ces soins et ce dévouement, pendant les années
de son enfance, lui furent fort utiles, car il était
aussi ardent et passionné que frêle et délicat.
Rien ne l'effrayait. Il se livrait à tous les exercices
violents, montait les chevaux les plus difficiles.
Il fit des chutes dangereuses et se cassa deux fois
le bras gauche. La vie au grand air, sur le haut
et salubre plateau de Pompadour, raffermit sa
santé si fragile et lui permit de tenir plus tard les
espérances que son intelligence faisait concevoir
à ceux qui l'entouraient.

Il fit ses études de droit à la Faculté de Paris et
revint se faire inscrire comme avocat au barreau
de Limoges. Il se maria quelques mois après avec
Mlle Amélina Cousty, de Lubersac.

Ses débuts en Cour d'assises firent sensation.
Ignotus les a racontés dans une longue biogra-
phie qui parut dans le *Figaro* en 1877. M. de
Marnas venait d'être nommé procureur général
près la Cour d'appel de Limoges ; il n'était pas
encore officiellement installé et visitait le Palais
sous la conduite du concierge. On discutait ce jour
là une de ces affaires vulgaires, sans intérêt pas-
sionnel et sans retentissement qui échoient d'ha-
bitude aux jeunes avocats stagiaires. Il faut un

_____

(1) Parmi ceux qui venaient lui souhaiter la bienvenue, on remar-
quait deux de ses anciens professeurs du lycée de Limoges,
MM. Deschanel et Cornuéjouls, parvenus aux plus hauts degrés de
l'Université et qui étaient heureux de retrouver l'élève auquel ils
avaient souvent prédit de hautes destinées.

talent particulier pour retenir dans la salle ceux
qui n'y sont pas appelés par la nécessité du service ou de leur profession. M. de Marnas allait
sortir, après s'être rendu compte de la disposition
des lieux, lorsque Brunet se leva pour répondre à
l'accusation. Dès les premières phrases l'attention
de tous fut éveillée. La voix claire et bien posée,
le geste sobre, la phrase correcte et l'argumenta-
tion serrée du jeune avocat étaient déjà d'un maître de la parole. Le succès fut considérable. Le
procureur général, qui avait écouté jusqu'au bout,
fit appeler Brunet dans son cabinet, le compli-
menta chaudement et lui offrit un poste de substitut d'assises vacant dans son ressort. « Je suis
profondément touché de votre bienveillance, monsieur le procureur général, répondit-il, mais je ne
saurais en profiter : je ne réunis pas les conditions
d'âge et de durée d'inscription au tableau de l'ordre exigées pour entrer dans la magistrature. »

— « Peu importe ! si vous acceptez mon offre,
j'en fais mon affaire, et je me charge d'obtenir du
garde des sceaux les dispenses nécessaires. »

— « Permettez-moi, alors, de consulter mon
père : il s'est dévoué pour moi pendant toute sa
vie ; je ne voudrais pas prendre une décision
devant engager mon avenir qu'il n'approuverait
pas absolument. »

— « C'est entendu, mais dites lui bien de ma
part que je compte dores et déjà sur son consen-
tement ! »

Au contraire de ce qu'espérait M. de Marnas,
M. Brunet père écrivit à son fils de rester au barreau. Il voyait pour celui-ci dans l'exercice de cette
libérale carrière de plus grandes facilités d'existence, un travail mieux rémunéré, et enfin, un
théâtre plus vaste et plus retentissant sur lequel
les facultés de son fils pourraient se développer
plus à leur aise et attirer davantage l'attention pu-

blique. Ce calcul parut dès l'abord d'un sage et
prévoyant conseiller. Les affaires arrivèrent en
masse. Le jeune avocat les présentait avec la
maturité d'un ancien. Il avait conquis l'estime et
forcé l'admiration de tous. Un des maîtres de
l'époque, dont le nom n'est pas oublié au barreau
de Limoges, M. Gérardin père, se faisait l'interprète des sentiments de ses confrères en disant :
« Il n'y a qu'un an que Brunet plaide, et il est déjà
aussi fort que nous. »

Ceux qui n'ont pas passé une partie de leur vie
au Palais ne peuvent se rendre compte des fatigues de la vie d'un avocat occupé. A partir de huit
heures du matin, quelquefois plus tôt, on reçoit
les clients et les avoués. On déjeune à la hâte et
on se rend à l'audience. Bien heureux si les affaires dont on est chargé sont immédiatement appe-
lées et si l'on a à subir seulement le poids de la
plaidoirie. Mais combien de fois faut-il attendre
son tour pendant des heures entières avant de
pouvoir commencer. En rentrant dans son cabinet, on est ressaisi par les devoirs de la consultation. Les soirées sont consacrées au travail des
dossiers et à la rédaction des conclusions. La santé
de Brunet fut vite atteinte. Il dût se résoudre à
demander ce qu'il avait d'abord refusé, un poste
dans la magistrature qui procurât un travail suivi
mais moins fatigant.

Il fut bientôt nommé substitut à Saint-Yrieix,
et moins de deux années après substitut à Tulle.
Son passage dans ces deux tribunaux est resté
présent à la mémoire de tous les contemporains.
D'après leur témoignage unanime, sa carrière dans
les parquets eut été des plus brillantes si la fatigue
de porter longuement la parole ne l'eût forcé de
nouveau à modifier ses projets. Il demanda à s'as-
seoir. Il fut nommé juge à Limoges, chargé de
présider une chambre temporaire, et quelques

temps après, cette chambre ayant été déclarée per-
pétuelle, il reçut le titre de la fonction qu'il rem-
plissait et devint vice-président (1).

C'est pendant la période qui suivit cette nomination qu'il collabora activement aux travaux de la
Société archéologique et historique du Limousin.
Il publia, successivement, une Notice sur la Chartreuse de Glandier ; le Terrier de l'église de Beau-
mont, près de Peyrat-le-Château ; une Notice sur
la Pomme de l'Estre ou Saint-Germain ; une Notice
sur des souterrains gallo-romains découverts dans
sa propriété de la Bourgade en faisant des fouilles
pour une conduite d'eau.

Le plus important de ces travaux est l'histoire
de la Chartreuse de Glandier. Elle a paru d'abord
dans le *Bulletin de la Société archéologique et
historique du Limousin*, a été réimprimée par les
soins de la *Société historique et scientifique de la
Corrèze,* puis tirée en brochure. Le nom de cette
Chartreuse a été un moment célèbre sous le règne
de Louis-Philippe, lors du procès de Mme Lafarge
qui habitait avec son mari l'affreuse forge cons-
truite depuis la Révolution sur l'emplacement du
monastère. Les Chartreux sont redevenus proprié-
taires de ces lieux et ont renoué par de nouveaux
bienfaits et de nouvelles austérités la chaîne qui à
travers tant de siècles les rattache aux premiers
religieux contemporains d'Archambaud de Com-
born (1219).

Ces notices sont écrites dans un style sobre,

---

(1) A cette époque il acheta la propriété de la Bourgade, commune de Saint-Hilaire-Bonneval (Haute-Vienne), enclavée dans
deux corps de domaines appartenant à son beau-père, M. Cousty, et
qui ne composent plus aujourd'hui qu'une même terre. Il se prit d'un
vif amour pour cette propriété dans laquelle il passait tout le temps
qu'il ne consacrait pas aux travaux du Palais ou à l'archéologie
limousine. Il y fit de nombreuses réparations et il avait le projet de
l'embellir encore lorsqu'il vint s'y retirer, quelques mois avant sa
mort.

concis, élégant ; la critique historique est éclairée
par un jugement impeccable. On se prend à re-
gretter, en lisant ces brochures, que d'autres travaux aient absorbé les moments de l'auteur. On
eut aimé à voir ce talent s'exercer sur un champ
plus vaste, et nous donner, par exemple, l'histoire
de ce Limousin qu'il aimait tant et qu'il connais-
sait si bien.

Peut-être eut-il entrepris cette œuvre, s'il eut pu,
avant de mourir, prendre quelques années de repos, bien gagné par tant de labeurs, dans la retraite qu'il s'était choisie. Il avait, en effet, ras-
semblé des matériaux considérables et formé une
bibliothèque riche en manuscrits limousins. Tout
jeune, il avait compris l'importance des documents.
A Pompadour, à Lubersac, à Uzerche, à Vigeois,
il demandait à ses amis de rechercher dans les
greniers, au fond des vieilles armoires, les papiers
poudreux dont personne ne se souciait, abandon-
nés aux injures du temps, à la dent des rats ou à
peine jugés bons à allumer le feu. Beaucoup avaient
répondu à son appel, et les descendants des magistrats de la sénéchaussée d'Uzerche, ou des inten-
dants des Pompadour, des Lubersac... lui avaient
remis sans compter et souvent pour s'en débarras-
ser des liasses de manuscrits troués par les vers
et dont on ne soupçonnait même pas l'importance
au point de vue historique. De ces feuilles jugées
sans valeur, il avait fait un fonds important, communiqué généreusement à tous ceux qu'intéres-
sent les questions souvent arides et ingrates de
l'histoire locale. — J'y ai moi-même puisé d'am-
ples et de précieux renseignements pour écrire
les notices que j'ai consacrées à Treignac. C'est
là l'origine de cette légende, tombée sous le ridi-
cule, qui attribuait la possession de ces documents à un vol commis dans les archives du
château de Pompadour pendant le ministère du

16 Mai, légende à laquelle n'ont même pas paru
prêter attention ceux qui avaient un intérêt politique à la voir se propager.

Il a voulu qu'après sa mort ce qu'il avait mis
tant de temps et d'efforts à rassembler ne fût pas
dispersé. Par les soins pieux de ses enfants et d'a-
près le désir qu'il a exprimé, sa bibliothèque
limousine a été offerte au petit séminaire de Servières, où il a fait la plus grande partie de ses études. Cet établissement dans lequel se forment la
plupart des prêtres du clergé du département de la
Corrèze, a toujours un personnel instruit, studieux,
curieux des choses de l'esprit, et son directeur
actuel est certes un excellent artisan habile à mettre et à faire mettre en œuvre les abondants et
excellents matériaux qui sont confiés à sa garde.

II

Dès qu'il eut atteint l'âge légal pour être élu
conseiller général, les électeurs du canton de
Lubersac lui confièrent le mandat de les représenter. Il siégea sans interruption dans l'assemblée départementale depuis 1857 jusqu'en 1880. Le
docteur Lespinas, qui était et qui est resté jusqu'à
la fin de ses jours un de ses meilleurs amis, s'était
volontairement effacé devant lui (1). Ses compatriotes eurent à se louer de leur choix à tous les
points de vue. Il s'occupa avec une activité et un
soin de chaque jour de défendre les intérêts de
tous, et bien peu de familles ne lui durent pas
quelques services. La bonne grâce avec laquelle
il répondait aux solliciteurs doublait le prix du
service rendu ; il avait pour chacun un mot aima-
ble, souvent dit en patois, cette langue si familière
et si chère à beaucoup de nos compatriotes et qu'il
maniait avec la même aisance et la même sûreté
que le français.

Grâce à son initiative, le canton de Lubersac
eut le bonheur d'être un des premiers qui ait eu
un comice agricole. Il en fut longtemps le prési-

(1) Le docteur Lespinas, un des experts les plus en vue pendant
le procès Lafarge, a laissé la réputation d'un homme honorable,
d'une haute intelligence, et tout entier à ses devoirs. Son fils
Edmond Lespinas, ancien juge au Tribunal de première instance de
Saint-Yrieix, a représenté le canton de Lubersac au Conseil d'arrondissement.

dent (1). Chaque année il donnait des conseils
publics aux agronomes et aux cultivateurs réunis
pour la distribution des récompenses. Les institu-
teurs, éclairés par ses conseils, devinrent de
précieux auxiliaires. Le comice avait institué un
concours de science agricole pratique et primai-
re (2). Au début, quelques concurrents seulement
se présentèrent, mais bientôt maîtres et élèves
saisirent l'avantage de ces études, et peu à peu
introduisirent dans le canton les idées, l'outillage
et les procédés agricoles des pays de science et de
progrès.

Dès son entrée dans l'assemblée départementale, quoiqu'il fût de beaucoup le plus jeune des
conseillers, Brunet ne tarda pas à y prendre une
incontestable autorité. Les comptes rendus des
sessions sont complets et rédigés avec beaucoup
de soin ; mais on sait que, sous l'Empire, les séan-
ces des Conseils généraux n'étaient pas publiques,
et de plus qu'on ne mentionnait pas les noms des
membres qui prenaient la parole. C'est donc par
ouï-dire et d'après les témoignages de ses pairs,
qu'on peut se rendre compte du rôle actif et utile
qu'il y joua. Cette prépondérance que lui donnaient
son éloquence, sa science des affaires et sa solli-
citude éclairée pour les intérêts du département, lui
valut d'être élevé en 1862 à la présidence de l'assemblée. Il avait à peine trente-trois ans. Il fut
renommé l'année suivante et en 1864. Mais,
en 1865, le baron Lafond de Saint-Mûr, député
de la Corrèze et maire de Tulle, ayant été élu
conseiller général par le canton de Laroche-
Canillac, fut appelé à la présidence par le gouvernement. Je détache à ce propos d'une lettre de
M. de Saint-Paul, secrétaire général du ministre

(1) Voir le journal le *Corrézien*, 3 septembre 1860.
(2) id. 27 août 1864.

de l'intérieur, M. le marquis de la Valette, un
passage qui explique ce changement de personne
au point de vue politique : « ..... M. le marquis
de la Valette me charge, Monsieur, de vous dire
combien le gouvernement avait apprécié vos services pendant que vous aviez été appelé à présider le Conseil général de votre département, et
en vous exprimant ses regrets d'avoir été obligé
par des raisons de hiérarchie politique de confier
cette présidence à l'honorable M. Lafond de
Saint-Mûr, il veut que j'ajoute que si les circons-
tances le permettent plus tard à ce point de vue,
le gouvernement examinera vos titres avec le
plus réel intérêt et le souvenir des services que
vous avez rendus ..... »

A la fin de 1861, plusieurs mois avant sa nomination de président du Conseil général, le préfet
l'avait pressé de poser sa candidature à la députation dans l'arrondissement de Brive pour les
élections générales de 1863. Il hésita longtemps.
C'était changer l'orientation de son existence,
renoncer au désir si chèrement caressé de devenir
conseiller à la Cour d'appel de Limoges, c'était se
jeter dans une vie fiévreuse pleine de périls, de
fatigues et de luttes. A demi vaincu cependant
par tant d'insistance, et lorsqu'il eut acquis la
certitude que ces démarches étaient faites sur
l'ordre du gouvernement, il promit de consulter
ses amis les plus intimes pour savoir quel accueil
rencontrerait sa candidature dans le pays si elle
était posée. Au moment où il se livrait à cette
sorte de consultation, et où lui arrivaient de tous
côtés les témoignages d'affection et les offres
de concours, un fait étrange se passait à Paris.
M. Delangle, garde des Sceaux, était fort lié
avec un avocat très distingué du barreau de
Paris, M. Mathieu, et désirait ouvrir à celui-ci
les portes du Corps Législatif. Il ne parut pas pos-

sible de le faire présenter à Epernay, son pays
d'origine, dont le député avait une grande situation et était fort bien en cour. On songea alors à
la Corrèze où Mme Mathieu avait des parents éloi-
gnés, et sans qu'on daignât dire à Brunet qu'on
n'avait plus besoin de lui, M. Delangle fit donner
l'ordre impératif au préfet de proclamer M. Mathieu candidat officiel.

Brunet n'avait pas à retirer une candidature qui
n'avait pas été posée, mais le procédé employé
envers lui était blessant. Dans une audience qu'il
obtint de l'Empereur, il se plaignit vivement. Le
chef de l'Etat porta l'affaire au Conseil des ministres. M. Delangle s'excusa sur son amitié pour
M. Mathieu, sur la grande valeur de celui-ci, et
promit d'arranger l'affaire en donnant un avancement considérable à Brunet. Il le fit, en effet, comprendre dans un décret soumis quelques jours
après à la signature de Napoléon III et le nomma
juge d'instruction à Paris. Ce marché ne pouvait
être accepté par l'âme fière et délicate de Brunet.
Il revint à Paris, et après une entrevue des plus
orageuses avec le Garde des Sceaux, il fit rappor-
ter le décret (1). Deux ans après, M. Baroche, qui
avait remplacé M. Delangle au ministère de la
Justice, le fit entrer dans la magistrature de la
Seine, et il accepta les mêmes fonctions qu'il avait
refusées de la main de son prédécesseur. Il fut
bientôt choisi pour instruire les affaires les plus
compliquées et les plus délicates. Son illustre ami
Lachaud, bon juge en la matière, se faisait dans
les salons des Tuileries l'interprète de l'opinion
générale en le signalant comme le magistrat le
plus en évidence pour un poste de vice-président

---

(1) 25 avril 1863. Brunet est nommé juge d'instruction à Paris
29 avril 1863. Cressant est nommé en remplacement de Brunet non
acceptant.

2

au Tribunal de la Seine. Il fut nommé à ces fonctions en 1868, et siégea d'abord dans des chambres civiles. Son tour de roulement, décidé conformément à la loi en la chambre du Conseil, le désigna pour la présidence de la 6ᵐᵉ chambre correctionnelle qui jugeait alors beaucoup de procès de presse. Son prédécesseur médiat, M. Delesvaux, malgré une grande facilité et une réelle intelligence des affaires, s'était créé une réputation de rudesse et de mauvaise éducation où la vérité avait presque autant de part que la légende. Son prédécesseur immédiat, au contraire, M. Vivien, soit par nonchalance, soit par scepticisme de vieux magistrat, avait laissé prononcer dans l'affaire Baudin les véhémentes philippiques des avocats et créé ainsi l'immense popularité de celui qui devait être le plus violent et le plus heureux ennemi de l'Empire, Gambetta !

La situation était difficile. Par son tact uni à une grande fermeté, par ses vives et fines réparties, il sut conquérir tous les suffrages. La liberté de réunion et la liberté de la presse dont avait voulu essayer l'Empire à son déclin avaient permis à ses ennemis de se reconnaître, de se grouper, et leurs attaques furieuses, allant presque toujours au delà des tolérances du législateur, avaient leur épilogue en police correctionnelle. Encouragés par la réussite de Gambetta, beaucoup voulaient profiter de l'occasion pour se faire un piédestal. Mais si Brunet laissait la plus grande latitude à la défense toutes les fois qu'elle se maintenait sur le terrain des faits de la cause et de la discussion du droit, il était d'une grande fermeté lorsqu'on voulait s'égarer sur le terrain de la politique. De là des haines qui l'ont poursuivi jusqu'à la fin de sa carrière de magistrat.

La guerre et les malheurs qui en furent la conséquence le trouvèrent à son poste. A l'appro-

che du siège, il envoya en Limousin sa femme
et ses jeunes enfants, et s'enferma dans Paris. En
l'absence du président et des vice-présidents plus
anciens, il remplit les fonctions de président du
Tribunal de la Seine.

Il consacra les loisirs que lui laissaient ses
fonctions à visiter ses compatriotes malheureux
et à adoucir autant que possible les amertumes
causées par les misères du temps. Il fut un des
membres les plus actifs et les plus dévoués de
l'Association Corrézienne de Paris qui venait de se
fonder.

Il habitait le quartier de la rive gauche de la
Seine qui eut tant à souffrir du bombardement des
Allemands lors de la dernière période du siège. Sa
maison de la rue de Vaugirard ayant été atteinte
par plusieurs obus, il dut aller se loger sur la rive
droite, jusqu'au moment où, les portes de Paris
étant ouvertes, il put demander un congé et rejoi-
gnit les siens.

Ce fut un bonheur pour lui. La Commune venait
d'éclater. Parmi les nouveaux maîtres du jour,
plusieurs avaient comparu devant la 6me chambre
et avaient été condamnés. Ils avaient voué une
haine particulière à leurs anciens juges. Brunet
fut recherché, son appartement fouillé de fond en
comble. Raoul Rigaut lança contre lui un mandat
d'arrêt, et il eut certainement partagé le sort des
otages s'il eut été trouvé dans Paris.

Malgré son attitude correcte et les services rendus, M. Dufaure lui tint rigueur et ne voulut pas
lui donner l'avancement qu'il méritait (1). Après

---

(1) M. Dufaure regretta vivement plus tard cette attitude lorsqu'il
eut fréquenté Brunet au Sénat et qu'il l'eut apprécié à sa juste
valeur. Il lui témoigna une déférence qui était peu dans son caractère : lorsqu'il redevint Garde des Sceaux, il lui arriva souvent de
demander son avis sur la valeur de certains magistrats proposés
pour l'avancement, et il tint le plus grand compte de ses appréciations.

le 24 mai 1873, il fut enfin nommé conseiller à Paris et il occupa cette fonction jusqu'au 17 mai 1877, jour où il entra dans le ministère formé par le duc de Broglie en qualité de ministre de l'Instruction publique, des Cultes et des Beaux-Arts.

III

Les débuts de Brunet dans la politique militante datent de 1873.

La mort du baron Rivet laissa un siège de député vacant dans la Corrèze. Tous les conservateurs du département s'adressèrent à Brunet pour le prier d'accepter une candidature qui paraissait de nature à réunir tous les suffrages et à n'effrayer personne. Depuis trois ans, il était élu par ses pairs, et chaque fois avec une majorité plus forte, président de l'assemblée départementale dont il était membre depuis seize ans ; il avait fait preuve dans la direction des débats de la connaissance approfondie des besoins du département et d'une impartialité absolue; on le savait ennemi de toute manifestation violente et serviteur éclairé de la légalité. Nul ne devait donc aborder une lutte électorale avec plus de chances de succès. Cependant il hésitait. Ses amis redoublèrent d'efforts jusqu'au moment où ils purent, en faisant appel à son dévouement, vaincre ses derniers scrupules.

Le concurrent qu'on lui opposa, M. Latrade, était un vétéran de la politique radicale. Elève de l'Ecole polytechnique sous le règne de Louis-Philippe, il avait été obligé de donner sa démission à la suite d'une échauffourée dans laquelle il avait été compromis. Armand Marrast l'avait admis au *National* qui était alors un des journaux de l'opposition la plus avancée. La Révolution de 1848, si imprévue pour tout le monde, fit de tous les ré-

dacteurs du journal des personnages importants.
M. Latrade eut un des postes les plus enviés. Il
fut envoyé à Bordeaux en qualité de commissaire
du gouvernement. Il y resta à peine quelques jours.
Devant la passion populaire excitée il manqua de
fermeté et d'esprit de décision, on dut le rappeler.
Il fut plus heureux dans la Corrèze qui le nomma
son représentant. Hostile au Prince-Président, il
quitta la France après le coup d'Etat et disparut
de la scène politique jusqu'en 1869, où lors des
élections générales, il obtint à peine quelques mil-
liers de voix comme candidat à la députation. Au
4 septembre 1870, il fut nommé préfet de la Corrèze et resta en fonctions pendant une année environ. C'est en cette qualité qu'il arrêta au passage,
au moment des élections générales de 1871, une
dépêche de M. Em. Crauffon offrant, au nom d'un
très grand nombre de notabilités du département,
à Brunet et à Lachaud, une candidature appelée à
un succès éclatant ; cette manœuvre déloyale réus-
sit, nos amis ne purent être prévenus à temps et
les électeurs portèrent leurs suffrages sur d'autres
noms. M. Latrade avait profité de son passage à la préfecture pour faire connaissance avec
tout le personnel politique du département. Il avait
conservé, avec un grand nombre de maires des
communes rurales qui ne partageaient pas ses
idées politiques et sociales, des relations soigneusement entretenues par une correspondance des
plus actives et dans laquelle il abordait la discussion de tous les sujets intéressants et actuels.

M. Latrade était donc un adversaire redoutable
avec lequel il fallait jouer serré pour conserver
toutes ses chances. Dès le début, il devint évident
pour tout le monde que sa candidature faisait des
progrès. Ses amis et les journaux dévoués à sa
cause connaissaient bien les électeurs corréziens,
en majorité pieux, pratiquant même les cérémonies

extérieures du culte catholique, mais redoutant avec anxiété l'ingérence du clergé dans les affaires publiques et le retour à des temps bien loin de nous ; aussi, ils allaient répétant partout que Brunet était le candidat des curés et voulait ressusciter le système des dîmes et des rentes !

La réponse à ces attaques ridicules était facile pour les partisans de Brunet : ils la trouvaient dans sa profession de foi :

« ...... Le respect de la loi et des institutions de mon pays, telle est, telle a toujours été ma règle de conduite. Et quant aux bases essentielles de toute société civilisée : la religion, la famille, la propriété, ces grands principes mis en question, de nos jours, par la témérité de certains hommes, ai-je besoin de dire qu'ils sont les miens et qu'ils auront en moi un défenseur énergique et résolu !.... Je n'ai pas de passé politique. Exclusivement voué jusqu'à ce jour à mes devoirs judiciaires, je ne saurais invoquer aucun précédent qui puisse être à vos yeux une garantie ou une indication pour l'avenir ; mais cette situation crée pour moi et pour vous ce précieux avantage que, n'ayant contracté aucune sorte d'engagement envers aucun des partis qui divisent notre malheureux pays, si vous m'envoyez à l'Assemblée, j'y apporterai, je le déclare en toute loyauté, une indépendance politique absolument intacte.....

» En matière d'organisation sociale, de finances, d'administration, d'organisation militaire, sur toutes les grandes questions, en un mot, M. Thiers professe et met en pratique des principes absolument opposés, ainsi qu'il l'a dit à la tribune, à ceux qui sont adoptés par des hommes affectant aujourd'hui et pour les besoins du moment, de se dire ses amis. Sur le terrain de la politique conservatrice où il se place ainsi, j'aurai le devoir de l'appuyer et je le ferai nettement.....

» Sur toutes les questions à résoudre, je consulterai ma conscience, vos propres intérêts, et je me tiendrai soigneusement en garde contre les entraînements de la passion politique.

» Pour tout dire en un mot, mes chers compatriotes, je ne m'inspirerai jamais, dans mes actes comme dans mes votes, que de ce qui me semblera juste, honnête, utile à l'intérêt de mon pays, que je place, comme tous les gens de cœur doivent le faire, bien au-dessus des petits intérêts et des grosses querelles des partis.

» Je fais appel à la confiance de tous les hommes d'ordre. Si elle m'est accordée, elle m'imposera des devoirs dont j'ai mesuré l'étendue : je suis, mes chers compatriotes, disposé à les remplir d'une façon qui soit digne et de vous et de moi. »

Ces affirmations si nettes et si loyales semblaient un gage de succès (1); mais le gouvernement intervint avec énergie en faveur de M. Latrade. Celui-ci fut élu.

Le département de la Corrèze devait une revanche à Brunet. Il la lui donna éclatante.

La Constitution de 1875 venait de créer deux Chambres : le Sénat et la Chambre des Députés. Les électeurs envoyèrent Brunet siéger dans la première de ces Assemblées par une majorité de plus des deux tiers des voix.

Quoique nouveau venu dans le Parlement, il ne tarda pas à se faire remarquer et à prendre un des rangs les plus en vue. Avant qu'il eût abordé la tribune, au sein des commissions, son érudition, son esprit net, sa parole aisée l'avaient fait classer comme un homme du plus grand avenir.

Il prit pour la première fois la parole en public

(1) Voir *passim*, dans le *Corrézien* les articles si nets, si pleins de talent et de dévouement de M. Emmanuel Crauffon, en faveur de la candidature Brunet.

dans un débat qui passionnait peu l'opinion en dehors du monde parlementaire. On discutait la loi sur la nomination des maires. L'élection était accordée aux conseils municipaux, mais le gouvernement, qui conservait le droit de suspension et celui de révocation, restait désarmé dans le cas d'une nouvelle élection du magistrat déchu. Brunet fut choqué de cette inconséquence. Pour y remédier, il demanda que les maires ou adjoints frappés par le pouvoir devinssent inéligibles pendant une année et que leurs fonctions pussent être confiées par décret à un délégué pris parmi les conseillers municipaux ou les électeurs communaux. Attaquée avec vigueur, au nom de la commission, par M. Raoul Duval père et par le ministre de l'Intérieur au nom du gouvernement, la proposition de Brunet défendue par lui-même faillit cependant réunir la majorité : Elle obtint 137 voix contre 141.

Quelques journaux profitèrent de l'entrée en scène de Brunet pour essayer de se venger de condamnations encourues autrefois devant la 6e chambre. Sans s'occuper du discours, ils attaquèrent la personne de l'orateur, le magistrat. Ce procédé de discussion ne nous apprend rien sur la valeur de l'œuvre et l'effet produit : d'autres se sont préoccupés de ce point de vue, le seul à envisager. L'*Estafette* du 12 août 1876, tout en formulant des réserves sur la théorie soutenue par Brunet, nous donne une note qui est celle du plus grand nombre de ceux qui ont assisté à cette séance : elle a le mérite de la briéveté et de la précision ; c'est à ce titre que nous la reproduisons : « ..... Avec quel art infini de parole la thèse est déduite ! Les amis de M. Brunet, quand il posa sa candidature, dirent merveille de son talent oratoire. Ils sont restés bien au-dessous de la vérité ! »

Plusieurs mois après, le 27 février 1877, pendant la discussion de la loi sur les conseils de prud'hommes, Brunet obtint un nouveau succès de bon aloi, d'autant plus vif que son discours, absolument improvisé, lui permit de mettre en relief, outre ses autres qualités dominantes, une grande vigueur dans la réplique et une facilité hors de pair.

Le *Journal des Débats,* peu suspect de tendresse pour l'orateur de la droite, ne put s'empêcher de constater le vif succès obtenu par celui-ci :

« On se rappelle que MM. Jules Favre, Crémieux et Tolain avaient présenté trois amendements qui essayaient, quant à la présidence des conseils de prud'hommes, de concilier les deux systèmes opposés des lois de 1806 et de 1853, de l'élection par les conseillers et de la nomination par le gouvernement : les conseillers présenteraient les candidats, le ministre nommerait. La commission avait écarté ces trois amendements et s'était arrêtée à un quatrième contre-projet, animé du même esprit, qui seulement réservait à l'action du gouvernement une latitude plus grande. Mais avant tout le Sénat devait statuer sur les trois amendements, et d'abord sur celui de M. Tolain. Le débat s'est rouvert alors, non sans éclat. M. Tolain a pris la parole pour défendre son amendement, et rarement il a été aussi heureusement inspiré. Il est rentré dans le fond de la question, et avec une logique nerveuse l'a ramenée sur son vrai terrain. Il s'agit, dit-il, d'une réforme partielle, d'une organisation judiciaire, rien de plus ; aucun intérêt social n'est en jeu. C'était répondre au discours par lequel M. de Montgolfier avait fait rejeter l'article 1er en évoquant le fantôme du péril social. M. Tolain lui a justement reproché d'avoir introduit la passion politique dans une question où elle n'a que faire.

» M. Brunet relève le gant, entre dans la lice à la place de M. de Montgolfier et dirige contre M. Tolain un réquisitoire plein de vigueur et d'éloquence, mais impétueux, agressif, où perçait un peu l'âpreté du magistrat qui a devant lui un accusé sur la sellette, non un collègue. M. Brunet a reproché à M. Tolain de braver le vote précédent du Sénat, en se permettant de lui présenter de nouveau sous un vain déguisement, ce qu'il avait d'abord repoussé. Il a repris avec infiniment de verve et un talent consommé l'apologie de la loi de 1853, il a adjuré le Sénat de la maintenir, — j'allais dire de la protéger — cette loi bienfaisante et salutaire, contre les entreprises des novateurs dangereux.

» La droite, cependant, applaudissait son orateur; elle lui a fait une ovation véritable : la partie était gagnée. »

Cependant, la situation politique s'assombrissait. Placé entre le Sénat dévoué en majorité aux idées conservatrices et la Chambre des députés composée d'hommes nouveaux soumis aux influences radicales, le ministère présidé par M. Jules Simon prenait chaque jour une attitude de plus en plus effacée et se laissait ballotter par les évènements, à la merci de l'incident parlementaire le plus banal. Cette situation avait ému le président de la République, chargé par la Constitution de surveiller la marche du gouvernement et d'orienter la politique en appelant au ministère les hommes lui paraissant les plus propres à bien diriger les affaires du pays. Il avait, mais en vain, attiré l'attention de ses ministres sur le danger de laisser les Chambres sans direction. Il dut se résoudre à s'en séparer. Le 16 mai 1877, il adressa à

M. Jules Simon, président du Conseil, la lettre
suivante qui parut le lendemain dans le *Journal
officiel :*

« Versailles, 16 mai 1877.

» Monsieur le Président du Conseil,

» Je viens de lire dans le *Journal officiel* le
compte rendu de la séance d'hier. J'ai vu avec
surprise que ni vous ni M. le Garde des Sceaux
n'aviez fait valoir à la tribune toutes les graves
raisons qui auraient pu prévenir l'abrogation d'une
loi sur la presse votée, il y a moins de deux ans,
sur la proposition de M. Dufaure et dont tout ré-
cemment vous demandiez vous-même l'application
aux tribunaux ; et cependant, dans plusieurs déli-
bérations du Conseil, et dans celle de hier matin
même, il avait été décidé que le président du Conseil ainsi que le Garde des Sceaux se chargeraient
de la combattre. Déjà on avait pu s'étonner que
la Chambre des députés, dans ses dernières séan-
ces, eût discuté toute une loi municipale, adopté
même quelques dispositions dont au Conseil des
ministres vous avez vous-même reconnu tout le
danger, comme la publicité des conseils municipaux, sans que le ministre de l'intérieur eût pris
part à la discussion. Cette attitude du chef du
Cabinet fait demander s'il a conservé sur la Chambre l'influence nécessaire pour faire prévaloir ses
vues. Une explication à cet égard est indispensable, car si je ne suis pas responsable comme vous
envers le Parlement, j'ai une responsabilité envers
la France dont aujourd'hui plus que jamais je
dois me préoccuper.

» Agréez.....

» *Signé :* MAC-MAHON. »

M. Jules Simon se retira. Le maréchal de Mac-

Mahon fit appeler M. le duc de Broglie, sénateur, et le chargea de composer un nouveau ministère. Celui-ci songea aussitôt à s'assurer le concours de Brunet et soumit son nom au président de la République. Mais la personne chargée de le prier de venir à l'Elysée le cherchait à Paris pendant qu'il se trouvait à Versailles. Il était alors tellement en vedette, qu'avant de connaître le choix fait par le président de la République et le duc de Broglie, tous les parlementaires influents regardaient comme un fait acquis l'entrée de Brunet dans le prochain ministère. En revenant à Paris, il fut, à son grand étonnement, salué comme un futur ministre par un grand nombre de notabilités politiques et notamment par le baron Jérôme David, un des chefs de la droite à la Chambre des députés.

Dans la soirée, au moment où il allait se rendre dans l'hôtel de son collègue M. Béhic, chez lequel devaient se réunir quelques hommes politiques désireux de causer de la situation et des devoirs qu'elle leur imposait, Brunet reçut enfin l'invitation pressante du maréchal de Mac-Mahon. Il se rendit à l'Elysée, trouva le chef de l'Etat en conférence avec MM. de Broglie et de Fourtou, le premier désigné pour la présidence du Conseil et le ministère de la Justice et le second qui avait déjà courageusement accepté la lourde tâche de ministre de l'Intérieur. On lui offrit le ministère de l'Instruction publique, des Cultes et des Beaux-Arts. Il refusa d'abord et il allait se retirer en promettant son concours comme sénateur pour soutenir le nouveau ministère, lorsque le Maréchal s'avança vers lui, les deux mains tendues :
« — En vous faisant appeler, Monsieur Brunet, je savais que vous avez autant de cœur que d'énergie. Aussi, je suis bien certain que je ne ferai pas appel inutilement à votre dévouement et qu'il me suffira de vous dire que nous comptons sur

vous pour que vous acceptiez le poste périlleux que nous vous offrons. » Dès que la question était ainsi posée, l'adhésion de Brunet ne pouvait être douteuse : il accepta.

Nous n'avons pas à apprécier s'il eut été plus opportun d'attendre, ce qui ne pouvait tarder, la chute du ministère Jules Simon pour charger le duc de Broglie de la formation d'un nouveau Cabinet, mais aux colères furieuses qui s'élevèrent, on put juger des ambitions déçues et des convoitises ajournées. Cependant, le président de la République avait agi dans la plénitude de son droit ; cela était certain pour tous les esprits sensés, pour ceux que n'aveuglait pas la passion. Dans aucun pays on n'a contesté au chef de l'État le droit absolu d'orienter la politique en s'appuyant sur la majorité de l'une des deux Chambres, lorsqu'elles obéissent à des courants d'idées différents. Il était donc absolument régulier et constitutionnel de lui voir choisir un ministère qui répondait aux aspirations du Sénat, alors que la Chambre des députés paraissait ne tenir aucun compte du précédent Cabinet dont les membres partageaient pour la plupart les opinions qui y dominaient.

De plus, à moins d'idées préconçues, il était impossible de croire que le ministère de Broglie voulût mettre en péril la légalité et les institutions. Deux de ses membres conservaient les portefeuilles que M. Jules Simon leur avait confiés. D'autres avaient fait partie de l'Assemblée Nationale et voté la Constitution : l'un d'eux avait même été rapporteur des lois constitutionnelles. Son chef, esprit élevé, ne s'était signalé dans l'exercice du pouvoir par aucun excès : il avait été formé à l'école de son père, une des gloires les plus pures du libéralisme sous la Restauration et sous Louis-Philippe, et il n'avait pas démérité. Les brillantes facultés de M. de Fourtou avaient été vivement appréciées par M. Thiers lui-même qui l'avait appelé à un ministère important. — Brunet avait donné sous l'Empire la mesure de son indépendance et de sa droiture. — C'était donc un ministère d'hommes remarquables à tous égards et qui méritait d'être jugé sur ses actes et non sur les intentions gratuitement prêtées par les partis hostiles. Il n'en fut pas ainsi, et avant même qu'ils eussent fait connaître leur programme, ses membres étaient dénoncés au pays dans un langage véhément comme des ennemis de l'ordre public.

Les Chambres furent ajournées à un mois pour permettre au nouveau ministère de s'organiser. A l'expiration de ce délai il se présenta de nouveau devant la Chambre des députés et demanda le vote du budget. Ce vote lui fut purement et simplement refusé ! Une seule procédure restait à suivre : la dissolution. Le maréchal de Mac-Mahon s'adressa au Sénat pour l'obtenir.

Le duc de Broglie, président du Conseil, porta le premier la parole au nom du gouvernement. MM. Bérenger et Bertault répondirent au nom de la gauche du Sénat. Brunet leur succéda à la tribune. Jusqu'à ce moment, le ministère s'était contenté de défendre sa politique en l'opposant à celle dont, d'après lui, le triomphe devait amener de funestes conséquences. Brunet changea de tactique et prit hardiment l'offensive en mettant à nu les contradictions, les faiblesses et les fautes de ses adversaires. Dès le début, on vit qu'il avait touché juste. Chacune de ses phrases était hachée par cent interruptions ; mais son calme ne se démentit pas une minute. Aucun argument ne resta sans réponse, aucun fait important ne fut négligé, toutes les injures furent relevées. On ne put lasser sa patience ni son courage. Il suivit jusqu'au bout le plan qu'il s'était tracé !

Son succès fut immense et chacun se plut à

constater qu'il était bien à la hauteur de sa nouvelle fortune. « M. Brunet se présentait devant le
Sénat, dit le *Gaulois*, avec une réputation d'éloquence. Il a dépassé aujourd'hui toutes nos pré-
visions.... C'est un véritable orateur de gouvernement parlant avec autorité et énergie, constamment
maître de lui-même, disant sa pensée tout entière,
allant jusqu'aux limites extrêmes, mais ne les fran-
chissant pas. » — « La péroraison du discours de
M. Brunet, d'après le *Figaro*, est accueillie par les
acclamations et les applaudissements prolongés de
la droite, et, de retour à son banc, le ministre reçoit
de ses collègues du gouvernement et des membres
de la majorité les félicitations les plus chaleureu-
ses. » — « M. Brunet est un talent, ajoute M. de
Cassagnac dans le *Pays*, tout le monde le savait,
mais il s'est montré surtout et avant tout un caractère : sans violences, mais avec une âpre et mor-
dante fermeté, il a tenu tête aux violences de la
gauche sénatoriale ; rien ne l'a ému, rien ne l'a
troublé. »

Le *Paris-Journal, l'Ordre,* la *Patrie,* le *Mo-
niteur universel,* le *Soir, l'Union,* la *Défense,* le
Monde, l'Univers, la *Correspondance générale,*
etc..... joignaient leurs éloges à ceux dont nous
venons de citer quelques lignes.

A la suite de ce remarquable discours, le Sénat
vota la dissolution de la Chambre des députés par
150 voix contre 130.

Pendant les trois mois qui précédèrent les élections, Brunet se consacra tout entier à l'administration des services si divers confiés à sa direction.
Son intelligence lumineuse et nette lui permettait
de suivre et d'apprécier dans leurs moindres détails les affaires soumises à son appréciation. Les
chefs de service le trouvaient prêt sur toutes les
questions. Rien ne lui échappait. Il a laissé auprès
de ceux appelés à conférer avec lui la réputation

d'un ministre aussi compétent que laborieux et avisé.

A quelques jours d'intervalle, il présida la distribution des prix du concours général à la Sorbonne et celle des élèves du Conservatoire. Suivant la tradition, il prit la parole dans ces deux solennités. Tout ce que nous pourrions dire pour louer ses discours ne vaudrait pas la critique de ses adversaires. Ils lui reprochent uniquement de n'avoir pas osé parler de politique ! C'était dire qu'il s'était tenu dans la note juste. Les esprits impartiaux proclamèrent avec raison que le discours prononcé au Conservatoire est un petit chef-d'œuvre de tact, de grâce et de bonne humeur.

Mais si Brunet ne mêlait pas la politique là où elle n'avait que faire, il ne manquait pas, lorsqu'il y avait lieu, de dire sa façon de penser sur les évènements et les hommes du jour. Le 19 août, il venait d'être réélu pour la sixième fois président du Conseil général de la Corrèze, lorsque s'organisa à Tulle une manifestation imposante en son honneur. Trois cents notabilités du département se réunirent pour lui offrir un banquet. On était heureux de se grouper autour d'un ami bien cher, d'un illustre enfant du pays. Tous étaient fiers de voir celui qu'ils avaient acclamé leur représentant il y avait quelques mois à peine, parvenu par son seul mérite à l'un des postes les plus considérables de l'Etat. Son collègue au Sénat, M. Lafond de Saint-Mûr, rappela, en portant sa santé, que deux habitants seulement du Bas-Limousin, avant lui, le cardinal Dubois et Treilhard, avaient été ministres. Brunet répondit par une harangue que nous demandons la permission de citer en entier. Maintenant que les passions électorales de cette époque sont calmées, les lecteurs impartiaux verront sur quel terrain se plaçait le gouvernement dont Brunet faisait partie. Ce langage était inatta-

quable à tous les points de vue, aussi souleva-t-il
un concert d'éloges, même dans les rares journaux
restés neutres entre le gouvernement et l'opposition :

Messieurs,

Je suis vivement touché des paroles que je viens d'entendre.
Elles me sont adressées par un homme de cœur, par un ami
de vieille date, par un compatriote, qui, pendant plusieurs
années, eut l'honneur de représenter son pays au Parlement et
qui le représente encore. A ce titre, il avait qualité pour parler
au nom de la Corrèze, et je suis autorisé à penser que ce qu'il
a bien voulu me dire, traduit les sentiments de la majorité de
mes concitoyens, de tous ! (Applaudissements !) J'en suis tout
à la fois heureux et fier, profondément reconnaissant. (Bravos,
très bien !)

Je ne parle pas, vous le comprenez bien, des éloges per-
sonnels et des compliments inspirés par une trop indulgente
amitié (Non ! non ! c'est la vérité !) Ce dont je suis heureux
et fier, c'est qu'on ait pu me dire, Messieurs, que vous avez
confiance en moi. (Oui ! oui ! bravos, applaudissements prolongés !)

Cette déclaration, je la désirais. — N'est ce pas à vous,
Messieurs, que je dois la situation que j'occupe (Non ! non !
non ! c'est à vous), et n'est-ce pas à vous surtout que je suis
tenu de rendre compte des actes de ma vie politique ? (Très
bien ! très bien !

Lorsque je suis venu solliciter vos suffrages en des temps
difficiles, j'étais seul, assisté seulement de quelques amis
dévoués, sans patrons puissants, et sans autres titres à vos
faveurs que la netteté et la sincérité de mes affirmations. Je
vous ai dit alors que mes actes seraient toujours d'accord avec
mes paroles. Vous m'avez cru, et lorsque, plus tard, j'ai été
appelé à entrer dans les conseils du gouvernement, mes amis
n'ont pas craint de réimprimer mes professions de foi. Ils ont
voulu par là constater devant tous que j'étais, à ce moment
solennel de ma vie politique, ce que j'avais promis d'être et de
rester (Applaudissements), lorsque je vous demandais de m'en
ouvrir les portes. Je n'ai pas changé, Messieurs, et la con-

fiance que vous me témoignez aujourd'hui prouve que vous
n'avez pas changé davantage (Non, non ! toujours pour vous !)
et que nous restons, vous et moi, dans une communauté de
sentiments qui me confirme dans la voie où je suis engagé.
(Bravos ! applaudissements !)

Cette voie, Messieurs, elle est la vôtre ! Hommes du pays
avant d'être des hommes de parti, vous voulez que le gouvernement soit assis sur des bases solides, et, moins soucieux du
titre que de la réalité des choses, vous voulez qu'il assure à la
France l'ordre et la prospérité à l'intérieur, la paix à l'exté-
rieur (Interruption ! très bien ! bravos et applaudissements);
la paix, avec le respect qui est dû à un grand pays comme le
nôtre. (Applaudissements).

Tel est aussi le programme du vaillant et loyal soldat que la
France a constitué le gardien et le défenseur de ses destinées,
et qui, soyez en sûrs, ne désertera pas, avant l'heure fixée par
la Constitution, le poste que le pays lui a confié. (Bravos !
qu'il reste jusqu'au bout ! Applaudissements ! Vive le Maréchal !)

Il ne s'inspire d'aucune ambition personnelle et il n'entend
mettre son nom au service d'aucune prétention dynastique.
Chargé d'assurer le maintien d'une Constitution qui, étant la
loi du pays, s'impose au respect de tous, il veut lui conserver
son caractère et la garder telle qu'il l'a reçue. S'il fait la guerre
aux radicaux, c'est pour défendre cette Constitution contre
leurs entreprises, et s'il reste sur le terrain conservateur, c'est
qu'il n'est pas d'autre terrain pour un gouvernement qui veut
vivre et qui se respecte. (Très bien ! très bien !)

Le Maréchal veut que, lorsque sonnera l'heure indiquée par
la loi pour une révision possible, le pays n'affronte cette
épreuve qu'après une expérience faite dans des conditions
d'ordre et de calme qui en assurent la sincérité. Il ne veut pas
qu'elle se produise à la suite de ces crises violentes que nous
ménagerait le radicalisme et qui ne pourraient avoir d'autre
effet que d'amener contre l'état de choses actuel des réactions
non moins violentes. Loyal et sincère, il veut que tout soit
loyal et sincère dans les actes auxquels il attache son nom.
(Bravos ! applaudissements !)

Je me suis souvent demandé depuis le 16 mai, comment il

se peut faire que certaines ambitions déçues aient produit chez des esprits réputés clairvoyants jusque là, un tel aveuglement !

Ne voient-ils pas que la République, dont ils se disent les amis, marchait, par les progrès croissants du radicalisme, à une chute inévitable, et peuvent-ils donc se méprendre autant qu'ils semblent le faire sur la portée de l'acte honnête, loyal, absolument constitutionnel et légal, accompli le 16 mai par le Maréchal, président de la République, pour le salut de tous ! (Applaudissements prolongés !)

De la sphère élevée où la Constitution l'a mis, il voyait les hommes s'agiter et les évènements se dérouler sous ses yeux. Il assistait au progrès du radicalisme, à son action dissolvante sur les esprits et sur les caractères, à son envahissement de tous les services publics, à la marche lente mais continue qui le conduisait à devenir aujourd'hui le protecteur de ceux qui prétendaient le contenir et le régler, demain leur maitre, et bientôt le seul maitre de tous.

Il pouvait compter les jours de plus en plus rares qui nous séparaient de la crise dernière, crise terrible dans laquelle toutes nos institutions politiques et sociales pouvaient sombrer ; et, lorsqu'il a été bien évident pour lui que tel était la conclusion fatale de la marche politique dans laquelle on voulait l'entrainer, sa conscience ne lui a pas permis de laisser faire plus longtemps !

Il n'a pas voulu souffrir qu'on arrachât de ses mains le dépôt qui lui a été confié. (Très bien ! très bien !) Gardien de la Constitution, il a poussé le cri d'alarme, et s'adressant au pays, il lui a dit : « Ceux-là sont à la veille de vous perdre ; moi, je veux vous sauver. Leur politique vous conduit au désordre ; la mienne vous assure l'ordre, la paix et la sécurité : dites laquelle des deux est à vos yeux la meilleure ! » (Très bien ! *c'est la sienne* ! applaudissements répétés !)

Le choix, Messieurs, ne saurait être douteux. Il faudrait désespérer à jamais de notre France, cette terre des élans généreux, si elle restait insensible au langage de l'homme qui se met au travers des dangers qui la menacent ; et, Dieu merci, nous n'en sommes pas là ! (Très bien ! très bien !)

A ceux qui parlent de coup d'Etat, la France répondra que

l'acte du 16 mai est un acte légal, prévu par la Constitution,
et que, cette Constitution, le Maréchal Président de la République la défend par les seules armes qu'elle a elle-même éta-
blies pour sa défense. (C'est cela ! très bien ! très bien ! vifs
applaudissements !)

A ceux qui crient : « le ministère des curés ! » (Hilarité
générale) la France répondra que les dimes, les rentes et les
billets de confession obligatoires (Nouveaux rires) ont fait leur
temps, et que c'est témoigner un singulier mépris de son
intelligence et son bon sens, que la supposer capable de se
laisser prendre encore aujourd'hui à des manœuvres électorales
bâties sur de telles absurdités. (Bravos ! c'est bien le mot.)
Elle répondra, pour nous, que nous ne sommes pas les ministres de telle classe de citoyens plutôt que de telle autre, mais
les ministres du Maréchal Président de la République française
qui est, lui, le chef constitutionnel de la nation et de la nation
tout entière. (Très bien ! très bien !)

A ceux qui parlent de la guerre, les faits répondent seuls :
La paix n'a pas été troublée ; l'Europe affirme ses sympathies.
(Bravos, applaudissements, très bien ! très bien !)

A ceux qui, ne craignant pas de descendre aux procédés de
l'intimidation, menacent nos fonctionnaires, la conscience
publique a déjà répondu, et je passe ! J'ai dit ailleurs que les
ministres seuls sont responsables ; les fonctionnaires n'ont rien
à redouter. (Très bien ! très bien !)

A tous ces agitateurs à l'affût de procédés nouveaux, qui
cherchent à troubler le pays par je ne sais quel appareil de
chicane et de procédure, la France dira qu'elle n'a que faire
de leurs querelles de procureurs (Hilarité, très bien !), et
qu'ayant mis à sa tête jusqu'en 1880 le Maréchal de Mac-
Mahon, scrupuleux observateur des lois, elle n'entend pas
qu'on lui supprime les moyens d'assurer l'ordre, la paix, le
calme et la prospérité. (Applaudissements !)

Eh quoi ! après tant de désastres, le pays n'a-t-il pas le droit
du vouloir qu'on le laisse enfin se recueillir, se reconnaitre et
respirer ? Faudra-t-il donc que des ambitions inquiètes, en
haut, des appétits coupables, en bas, ne lui laissent jamais ni
trève ni merci !

Un homme se rencontre qui veut qu'on respecte la France

et qu'on cesse de troubler son repos, et la France pourrait hésiter ?... Non, Messieurs; j'ai de mon pays une toute autre opinion ! (Applaudissements.)

M. le Maréchal Président de la République m'a fait l'honneur de m'appeler dans ses conseils. Cet honneur, Messieurs, je ne l'avais ni recherché ni désiré, et il est venu me trouver au moment où je l'attendais le moins. En m'arrachant à une profession qui me restera chère jusqu'au dernier jour de ma vie, il m'imposait le plus cruel des sacrifices, et cependant je n'ai pas cru devoir me refuser à ce qui s'offrait à moi comme un acte de dévouement. (Très bien ! très bien !)

Que si, à côté du sacrifice et du dévouement, il se trouve quelque honneur, cet honneur, Messieurs, il est à vous bien plus qu'à moi *(Non ! non ! surtout à vous)*; à vous et à notre cher département de la Corrèze. C'est lui qui m'a envoyé dans la lice politique; c'est lui et ce sont vos suffrages, vos sympathies, vos encouragements, qui m'assistent et qui me soutiennent dans la lutte engagée contre des passions hostiles et des haines ardentes; c'est à lui, c'est à vous, Messieurs, que reviendra l'honneur de la victoire, le jour où, se détournant de perfides conseils pour n'écouter que la voix d'un homme qui n'a jamais trompé personne, la France mettra fin à cette crise douloureuse, en choisissant des mandataires décidés à seconder ses patriotiques efforts. (Vifs applaudissements.)

Notre chère Corrèze, Messieurs. c'est à peine si je viens d'en parler ! Mais que vous dirais-je de mes sentiments pour elle que vous ne sachiez déjà ? Ah ! si les fatigues, les soucis, j'oserai dire les amertumes du pouvoir, se font quelquefois oublier. c'est bien lorsque je pense qu'il m'est aujourd'hui possible de servir les intérêts d'un pays que j'aime par dessus tout, parce que je lui dois tout. (*Non ! non ! vous êtes le fils de vos œuvres !*) On nous a, n'est-ce pas, Messieurs, bien longtemps négligés ! Plus d'une fois nos justes réclamations sont restées sans écho ! Ce sera désormais mon devoir et mon honneur de chercher, de concert avec vous, à réparer ces oublis du passé. Je veux m'y consacrer, et je veux être à la Corrèze par mes actes comme je suis à elle tout entier par le cœur. (Applaudissements prolongés !)

Et puisque je réponds à un toast. je vous propose, Messieurs.

de boire à notre bonne et chère patrie corrézienne : Je porte
un toast à tous les Corréziens ! (Salves d'applaudissements,
*vive M. Brunet ! vive le Ministre ! vive Mac-Mahon ! vive le
Maréchal !)*

La politique ne l'absorbait pas tout entier. Il
n'oubliait pas qu'il était Limousin. Il faisait trêve
aux graves préoccupations de l'heure présente
pour s'occuper de la cathédrale de Limoges, et il
allouait 112,000 fr. sur les fonds de son ministère
pour aider à l'achèvement de ce monument ma-
gnifique.

Voici le texte de la pétition qu'il avait reçue à ce
sujet :

Evêché de Limoges.

Limoges, le 24 juillet 1877.

Monsieur le Ministre,

Votre Excellence ne saurait ignorer la grande entreprise,
en voie d'exécution, de l'achèvement de la belle cathédrale de
Limoges. Monseigneur l'Evêque a été autorisé en date du
29 mars 1876 à commencer les travaux sous la direction et
la surveillance de M. Bailly, architecte diocésain.

Ces travaux ont commencé en mars dernier et déjà à l'heure
présente, les piliers des travées sont montés à la hauteur des
chapiteaux et sont prêts à recevoir les premières retombées
des grandes archivoltes. Les faces extérieures dépassent la
naissance des premières voûtes, et les murs entre les contre-
forts sont montés jusqu'à la naissance des ogives des fenêtres
basses. Tout le gros œuvre de la première partie de l'opération
sera exécuté dans cette première campagne. Une somme de
150,000 fr. y sera dépensée.

Ce simple aperçu vous met à même, Monsieur le Ministre,
d'apprécier l'importance et de notre entreprise et de nos sacrifices. Aussi est-ce avec une juste confiance que les soussignés
viennent réclamer près de votre Excellence l'appui du gouvernement, et vous prier de les admettre à participer aux fonds
dont le budget dispose pour ces sortes d'opérations.

La présence dans les conseils de l'État d'un des plus illus-
tres enfants du Limousin ajoute à nos espérances. Nous serons
heureux et fiers de lui attribuer une large part dans le succès
d'une œuvre tout à la fois religieuse et patriotique.

Nous sommes...

ALFRED, Évêque de Limoges (Monseigneur Duquesnay) ; —
LÉZAUD, premier Président de la Cour d'appel ; — DE LAR-
TIGUE, Général commandant le XIIᵉ corps d'armée ; —
Henry ARDANT, Président de la Chambre de Commerce ;
— A. DE VEYVIALLE ; — R. FRANCÈZ ; — Georges ARDANT,
Industriel ; — Léon DELOR, membre de la fabrique ; —
H. DELOR, curé de Saint-Pierre ; — A. THÉZARD, doyen du
chapitre, vicaire général ; — MAREVERY, chanoine, se-
crétaire général ; — DISSANDES DE BOGENET, vicaire géné-
ral ; — VALLEIX, vicaire général ; — TANDEAU DE MARSAC,
chanoine honoraire ; — ARBELLOT, chanoine, président
de la Société archéologique du Limousin ; — THÉZARD,
vice-président de la Société archéologique du Limousin ;
— Ch. NIVET-FONTAUBERT ; — René FAGE, secrétaire de la
Société archéologique ; — A. DURAND, vice-président de
la Chambre de commerce. — Ch. BARBOU DES COURIÈRES ;
— Albert PÉNICAUD ; — CHAPOULAUD ; — DE LOSTENDE ; —
B. LAMY DE LA CHAPELLE ; — A. BOURDEAU ; — F. BLANCHARD ;
— J. MICHEL ; — PASCAUD, supérieur de l'école Saint-Mar-
tial ; — A. MAUPETIT ; — Léon DHÉRALDE ; — P. THIBAUT ; —
L. PETIT ; etc.

Il faisait déclarer d'utilité publique la Société
archéologique du Limousin. Sur ma demande, il
voulait bien intervenir énergiquement auprès de
son collègue des Travaux publics qui acceptait
définitivement le tracé du chemin de fer de Limoges à Clermont par la Celle-Corrèze et Bugeat,
avec raccordement à Meymac, avec la ligne Cler-
mont-Tulle (1).

(1) La décision du Ministre des Travaux publics fut prise le 7 juin
1877. Il en avisa son collègue M. Brunet par lettre du même jour.

S'il eût conservé le pouvoir, grâce à lui, le département de la Corrèze eût pu en peu de temps regagner le terrain perdu, et arriver au niveau des départements voisins que des représentants plus actifs, plus influents ou plus heureux ont doté depuis de longues années d'un outillage industriel qui nous fait complètement défaut.

Brunet avait espéré que le pays entendrait l'appel qui lui était fait. Il pensait que la majorité de la future Chambre établirait un pouvoir fort, d'une féconde initiative, dévoué aux idées démocratiques et conservatrices, qui pourrait, lorsque les ardeurs de la dernière lutte seraient éteintes, faire un appel direct à la nation chargée de décider en dernier ressort et de faire connaître ses préférences.

Malheureusement il n'en fut pas ainsi. Les élections du 14 octobre, tout en donnant une minorité conservatrice considérable, furent hostiles au gouvernement.

Avant la réunion des Chambres, le ministère de Broglie donna sa démission et fut remplacé par un ministère d'affaires, présidé par M. le général de Rochebouët, qui ne dura que quelques jours.

Le triomphe n'apaisa pas les rancunes des députés qui avaient tremblé pour leur réélection. La nécessité de ne pas soulever des questions irritantes au moment de l'Exposition universelle de 1878, dont le succès était dû en partie aux efforts du ministère tombé, avait retardé l'explosion de leurs ressentiments, mais ne les avait pas diminués. Après de longs travaux, une commission présenta à la Chambre un ramassis de documents insignifiants dans lesquels elle voulut chercher, sans pouvoir y réussir, les preuves d'un complot contre la Constitution : comme conclusion, on réclamait la mise en accusation des anciens ministres. L'accusation était si peu fondée, elle était tellement dénuée de toute probabilité que la Cham-

bre refusa de s'engager dans cette voie. Ce vote,
émis à une grande majorité, proclamait bien haut
la régularité de l'acte, conforme à la lettre comme
à l'esprit de la Constitution, par lequel le maréchal Mac-Mahon avait confié au duc de Broglie
la mission de former un Cabinet conservateur et
la correction absolue des membres de ce ministère pendant leur passage au pouvoir. Il tirait son
importance de ce fait qu'il émanait d'une Chambre
en grande partie hostile, et cependant obligée de
s'incliner devant la vérité.

Lorsque ce vote fut acquis, un très grand nombre de députés crurent la journée finie et se reti-
rèrent. Ce fut le moment choisi par les meneurs
pour présenter un ordre du jour de flétrissure qu'ils
réussirent à faire voter par une minorité de la
Chambre devenue majorité grâce à l'absence de
plus d'un tiers des représentants.

Le lendemain, les anciens ministres se réunirent
et adressèrent au pays une éloquente protestation
qui précisa les faits et flétrit à son tour les procédés de la minorité de la Chambre des députés. La
voici :

PROTESTATION DES MINISTRES DU 17 MAI CONTRE L'ORDRE DU JOUR
ADOPTÉ PAR LA CHAMBRE DES DÉPUTÉS DANS SA SÉANCE DU
13 MARS 1879.

A la suite d'une enquête qui n'a pas duré moins de quinze
mois, la commission de la Chambre des députés a demandé
à cette Assemblée la mise en accusation des ministres du
17 mai et du 23 novembre 1877.

Pendant que cette enquête, dans laquelle ils n'ont pas été
appelés, se poursuivait, quatre-vingts invalidations venaient
modifier la composition de la Chambre à qui la proposition
devait être soumise ; un renouvellement partiel changeait la
majorité du Sénat, à qui est réservé par la Constitution le droit
de prononcer l'accusation.

Néanmoins, les ministres incriminés ont attendu en silence le dépôt si longtemps retardé du rapport.

Ils n'ont rien fait pour détourner l'accusation qui les menaçait.

Ils étaient prêts à suivre leurs accusateurs devant la juridiction établie par la Constitution.

C'est donc spontanément, dans la pleine liberté de ses appréciations, que la Chambre a déclaré, le 13 mars, — à une majorité de plus de 150 voix, — qu'aucune poursuite ne serait dirigée contre eux. Apparemment elle reconnaissait, avec l'opinion publique, l'inanité des griefs allégués dans le rapport de sa commission.

Cette décision épuisait son droit constitutionnel. Toute parole, tout acte de plus sur le même sujet, ne pouvait que dépasser sa compétence.

Et cependant, par un second vote qui n'a réuni que deux cent dix-sept voix dans une Assemblée de plus cinq cents membres, un ordre du jour a déclaré constants et qualifié de criminels les mêmes faits que la Chambre, dans la même séance, venait d'exempter de toute poursuite.

En outre, la Chambre a invité le gouvernement à faire afficher cette déclaration dans toutes les communes, mesure qui ne peut avoir que le caractère d'une pénalité, puisque c'est celle-là même que le Code prescrit dans les matières les plus graves, pour les arrêts des tribunaux.

C'est donc un jugement prononcé, sans instruction préalable, sans débats contradictoires, en l'absence des accusés, par un tribunal sans compétence : un tel acte est dénué de toute autorité.

La Chambre des députés avait le droit d'accuser les anciens ministres : aucun article de la Constitution ne l'investit du droit de prononcer contre eux, même par voie indirecte, ni jugement, ni condamnation.

Ceux qu'il ne lui serait pas permis d'atteindre dans leur liberté et dans leur vie, elle n'a pas le droit d'essayer de les atteindre dans leur honneur. — Elle n'en a pas le pouvoir.

L'ordre du jour livre les actes des anciens ministres au jugement de la conscience nationale. Nous livrons à notre tour,

À ce tribunal suprême, l'ordre du jour lui-même, sûrs du jugement que porteront tous les amis du droit et de la justice.

Duc de Broglie; Duc Decazes; De Fourtou; E. Caillaux; Joseph Brunet; Paris; De Meaux.

Paris, le 15 mars 1879.

On remarquera que ce document ne porte pas les signatures du général Berthaut et de l'amiral Gicquel des Touches. Les anciens membres du Cabinet du 17 mai, qui l'ont rédigé, ne doutaient pas de leur assentiment; mais ils n'ont pas cru devoir demander à leurs collègues de prendre part à une manifestion collective que leur interdise les règlements militaires.

Pendant toute cette crise, Brunet resta aussi calme que si sa liberté n'eût été en péril. Fort de l'appui de sa conscience, ayant désiré le bien, l'ayant fait dans la mesure du possible avec un dévouement et une intégrité passionnés, il attendait la justice et la récompense de ses efforts des hommes mieux informés et plus impartiaux.

IV

Après la démission du ministère du 17 mai, le nouveau garde des Sceaux offrit à Brunet un poste de conseiller à la Cour de cassation. Il refusa cet avancement par une lettre qui a été depuis rendue publique (1) :

Paris, 27, rue d'Assas, 2 décembre 1877.

Monsieur le Maréchal,

Connaissant mon désir de rentrer dans la magistrature, vous voulez bien mettre à ma disposition la place de conseiller à la Cour de cassation qui est vacante par la démission de M. Péramont, et je sais depuis hier soir que M. le Garde des Sceaux doit soumettre à votre signature un décret dans ce sens.

Je vous prie d'agréer l'expression de toute ma reconnaissance, mais en même temps je vous demande la permission de ne pas accepter cet avancement.

Il se justifierait, sans aucun doute, par d'assez nombreux précédents : il a été donné à des conseillers de la Cour d'appel de Paris qui avaient des titres judiciaires non supérieurs aux miens, sans y joindre les services publics que j'ai pu rendre depuis vingt ans comme membre et président d'un Conseil général, sénateur et en dernier lieu ministre, mais quelque justifié qu'il pût être, ce serait un avancement considérable et je pourrais craindre qu'en le prenant on ne se méprît sur la

---

(1) Brunet avait communiqué cette lettre à quelques amis seulement et leur avait recommandé de ne pas en parler. Mais au moment où il fut frappé par la loi sur la suppression de l'inamovibilité de la magistrature, le *Corrézien* ne crut pas devoir garder plus longtemps le silence et il fit connaître cette page si honorable pour celui qui l'a écrite.

nature du sentiment qui m'a fait quitter la magistrature, il y a
six mois, pour entrer au ministère.

Il se pourrait, monsieur le Maréchal, que sur ce premier
refus on vous proposât de me confier les fonctions de président
de Chambre à la Cour d'appel. Permettez-moi, le cas échéant,
de ne pas les accepter. Ce serait un avancement plus modeste :
mais ce serait encore un avancement.

Puisque je m'y trouve autorisé par la bienveillance extrême
dont vous m'honorez, je vous prie, monsieur le Maréchal,
d'être assez bon pour me rendre purement et simplement la
fonction de conseiller à la Cour d'appel de Paris que j'ai
quittée. il y a six mois, pour obéir à votre appel.

Vous ne me la rendrez pas entière, car la place que j'avais
sur le tableau de la Cour étant désormais occupée, j'ai perdu
mon rang d'ancienneté; mais cette perte est à mes yeux lar-
gement compensée par l'honneur d'avoir été associé par vous
à l'œuvre courageuse que vous avez entreprise dans un intérêt
de salut social.

Permettez-moi d'insister pour que les choses se règlent
ainsi.

Si vous voulez bien m'accorder cette faveur, elle aura pour
moi ce prix tout particulier qu'il ne sera permis à personne,
même aux plus malveillants, de supposer que lorsque je suis
entré au ministère, cet acte de dévouement était accompagné
d'une arrière-pensée ou d'un calcul ambitieux.

Veuillez agréer, monsieur le Maréchal, avec l'expression de
ma vive gratitude, l'hommage de mon profond respect.

J. BRUNET.

On déféra à son désir et il revint prendre rang
à la Cour d'appel de Paris. Il fut mis à la retraite
prématurément lorsque la loi sur la suppression de
l'inamovibilité de la magistrature permit à quelques politiciens d'assouvir leurs rancunes contre
des magistrats qui avaient déplu ou dont on con-
voitait les sièges.

Jusqu'à cette époque, il n'avait pas cessé de
consacrer tous ses instants et toute son intelligence

à l'exercice de son mandat de sénateur et de ses fonctions de conseiller à la Cour d'appel. Au Palais, il était moins en évidence, car on lui avait retiré la présidence des assises qu'il exerçait pourtant avec un tel éclat qu'après une session laborieuse, chargée d'affaires délicates et compliquées, un des maîtres du barreau parisien avait pu dire de lui, sans être contredit : « Brunet est né Président ! »

Au Sénat, son attitude politique resta la même : mais il parut se consacrer davantage aux questions d'affaires. Il fit partie de commissions importantes, notamment celle du budget et celle sur la réorganisation de la magistrature dont le projet entier ne vint pas en utile discussion devant les Chambres.

Il pouvait donc se représenter le front haut en 1885 devant le corps électoral de la Corrèze. Il avait tenu les promesses qu'il avait faites à ses électeurs, et avait figuré avec honneur dans la première de nos Assemblées politiques. Sa nouvelle et dernière profession de foi est une affirmation solennelle des principes fondamentaux qui ont servi de règle à sa vie politique et l'expression de l'espérance que s'ils sont méconnus momentanément, ils auront leur jour de triomphe :

Paris, le 10 janvier 1885.

Messieurs et chers Compatriotes,

Il y a neuf ans, je fus envoyé au Sénat pour y défendre les principes d'ordre social et les intérêts conservateurs qui, dès cette époque, semblaient mis en péril.

J'ai rempli ce mandat avec fermeté, sans exagération, mais aussi sans défaillance ; avec une constance que rien n'a pu troubler ; rien, ni les injures des partis, ni la persécution qui m'attaquant sous diverses formes, est allée jusqu'à m'arracher à mon siège inamovible de conseiller à la Cour de Paris.

A l'expiration de mon mandat et à l'approche des nouvelles élections, je ne me crois pas le droit de déserter la lutte. Il me paraît qu'ayant eu l'honneur d'être le candidat des conservateurs dans la Corrèze alors que la victoire semblait facile, il est de mon devoir de rester à leur disposition alors que les temps peuvent paraître moins heureux. Je dois cela à mes électeurs de 1876 ; je le dois à tous ceux d'entre vous qui partagent encore aujourd'hui les sentiments sous l'inspiration desquels se fit, il y a neuf ans, mon élection. Ce devoir, je le remplis sans hésitation et sans céder à aucune préoccupation personnelle. En cela, comme en toutes choses, je n'ai qu'un objectif et je n'obéis qu'à un seul mobile : faire ce que je dois.

Je n'ai pas, Messieurs et chers Compatriotes, une profession de foi nouvelle à vous faire. Je connais vos besoins et j'ai toujours défendu vos intérêts. — En politique, 1885 me retrouve tel que j'étais en 1876.

Malgré le concours d'amis dévoués, il ne fut pas réélu. Les électeurs lui préférèrent des partisans de la politique qui avait triomphé le 14 octobre 1877.

Peut-être, s'il eût cru à la reconnaissance pour les services rendus, eût-il pu s'attendre à être de nouveau investi de son mandat ! — Dans tous les cas, il ne témoigna aucune amertume de cet insuccès. Son dévouement aux intérêts et aux hommes de son pays d'origine resta toujours aussi grand et aussi actif : ceux de nos compatriotes qui depuis cette époque ont eu recours à lui peuvent en témoigner.

V

Après sa mise à la retraite, il se fit inscrire au barreau de Paris. Dès la première année, il occupa une des premières places parmi ces maîtres qui comptent tant d'hommes remarquables par l'éloquence, la science des affaires, l'érudition et la dignité de la vie.

Plusieurs des affaires qui lui furent confiées eurent un retentissement qui dépassa les murs du Palais.

Il fut appelé notamment par le baron Hirsch et le gouvernement ottoman à faire partie d'un tribunal arbitral qui se réunit à Constantinople dans le courant de l'été de 1888 pour régler les litiges pendants entre ces deux plaideurs à la suite de la construction des chemins de fer orientaux. Les autres arbitres étaient : M. Jacobs, ancien ministre de l'intérieur en Belgique, et deux hauts fonctionnaires du gouvernement turc, LL. EE. Hassan-Phemir-Pacha et Vahan-Effendi. Après plus de trois mois de travaux difficiles, rendus encore plus pénibles par l'inertie et le mauvais vouloir des Ottomans, le Tribunal arbitral put rendre sa sentence sur la plupart des points soumis à son appréciation.

Je détache d'une des lettres qu'il m'écrivit pendant son séjour à Constantinople, les passages suivants d'un vif intérêt :

Constantinople, 27 avril 1888.

. . . .

Tes souhaits de bon voyage ont été exaucés et nous sommes arrivés à bon port, Marie (sa fille) et moi. Notre voyage a été

très pittoresque. Nous avons, *les premiers,* fait en chemin de
fer le trajet entier de Paris à Constantinople, et notamment le
wagon qui nous portait est le premier qui ait circulé entre un
endroit appelé Tzari-Brod et Bellova (180 kilomètres environ).
Ce n'est pas que la voie soit en état d'être livrée à la circula-
tion . elle ne pourra pas l'être avant deux mois au moins (et
peut-être bien plus, car en ce pays tout est lent); mais tant
bien que mal et non sans quelques périls, notre train spécial a
pu passer partout. Sur le Sker, par exemple, le pont n'avait
pas de tablier : on a mis, les jours avant notre arrivée, des
traverses provisoires, des rails provisoires, et après que nous
avons eu passé, on a défait tout cela pour le remplacer par un
travail plus solide et définitif.

Tu n'as pas idée des étrangetés que nous avons vues sur la
route. Elles n'ont d'égales que celles que nous voyons ici
— étrangetés, du reste, plus curieuses que belles. — Il n'est pas
exact que Constantinople soit beau; mais le Bosphore est
splendide ! Et puis, tout ce qui nous entoure est tellement
différent des choses que nous avons coutume de voir qu'il en
résulte un étonnement pouvant se traduire suivant les caractères et les tempéraments, en une sorte d'admiration.

Nous avons assisté aujourd'hui à la visite du Vendredi par
le Sultan à la Mosquée, le Sélamlich. Le cortège et la revue
de 10,000 hommes qui a terminé la cérémonie étaient magni-
fiqnes. Quel dommage que de si beaux soldats soient si mal
commandés ! Ce sont tous des hommes de premier choix et du
plus grand aspect militaire.

. . . .

Pendant ce temps nos travaux marchent avec lenteur, à la
turque. Combien de temps resterons nous ici ? Dieu seul le
sait ! Je commence pourtant à m'ennuyer. Ce pays est décidé-
ment trop loin de Paris et de la Bourgade !

. . . .

Dans les intervalles que lui laissaient les travaux du tribunal arbitral, il s'occupait de rechercher le tombeau de son célèbre compatriote du

xviii° siècle, le comte de Bonneval (1), qui après une
vie des plus agitées mourut pacha au service du
Sultan (1747). On lui avait affirmé que Bonneval
reposait en Asie-Mineure. Après plusieurs voya-
ges infructueux, il recueillit de la bouche d'un vieux
derviche des indications relativement précises qui
lui permirent de retrouver le tombeau du pacha à
Constantinople même dans le Tébé (cimetière) des
derviches du quartier de Péra. Il avait même
obtenu l'autorisation de le faire photographier, et
il a rapporté diverses épreuves intéressantes.

Sa mission remplie, il revint en France, tout
désigné pour entreprendre ou diriger de grandes
affaires. Aussi, ce ne fut une surprise pour personne, lorsque la dernière assemblée générale des
actionnaires du canal de Panama, réunis pour constater l'impossibilité de mener à bonne fin cette
œuvre grandiose avec les ressources disponibles et
sous la direction des hommes placés à la tête de
l'entreprise, l'acclama, le 28 janvier 1889, comme
liquidateur. Cette nomination n'était pas régulière,
car les actionnaires n'étaient pas en nombre suffisant pour prononcer la dissolution de la Société.
Mais Brunet était trop apprécié par ses anciens
collègues pour que cette indication ne fût pas
consacrée par eux. Il fut désigné définitivement
par le Tribunal de première instance de la Seine,
quelques jours plus tard, comme liquidateur de la
Société avec les pouvoirs les plus étendus.

La tâche assumée par Brunet était lourde et
délicate. La réussite du canal de Suez, malgré les
difficultés pécuniaires, diplomatiques et scientifi-
ques qui s'étaient accumulées contre l'entreprise,

---

(1) Claude-Alexandre, comte de Bonneval (1675 à 1747) servit
longtemps la France sous les ordres de Luxembourg, Catinat, Ville-
roy et Vendôme, passa brusquement au service de l'Autriche de
1706 à 1730, enfin embrassa l'Islamisme en 1730 et devint pacha
sous le nom d'Achmet.

avait rendu M. de Lesseps confiant dans son
étoile. Il pensait qu'il suffit de vouloir pour arriver
au but proposé. Cette confiance imperturbable le
perdit et avec lui tous les malheureux qui lui remi-
rent leurs économies. A la suite de la décision
prise par la majorité d'un congrès de savants réunis à Paris sous sa présidence (1879) et sur la foi
de renseignements recueillis à la hâte, il avait constitué, le 31 janvier 1881, la Société du canal inter-
océanique de Panama qui se donna pour mission de
creuser un canal de grande navigation à niveau
entre les deux Amériques, en allant de Colon sur
la côte de l'Océan atlantique à Panama sur le
Pacifique. Les travaux entrepris sous la direction
d'ingénieurs distingués, dont plusieurs, victimes du
climat et d'un travail acharné, moururent à la
peine, mais sans plan d'ensemble, sans études
préalables, commencèrent sur divers chantiers.
Outre la difficulté de recruter des ouvriers assez
robustes et en nombre suffisant pour exécuter des
travaux pénibles sous ce climat terrible, on se
trouva en face de sols et de roches d'une nature
telle qu'il fallut créer des machines spéciales pour
arriver à des résultats relatifs. De plus, l'administration supérieure laissait aller les choses à la
dérive et on signalait partout des gaspillages et le
plus grand désordre (1). Cette situation était
connue des financiers dont le concours est indispensable pour assurer le succès des émissions :
elle avait même fini par émouvoir le public. L'argent coûtait donc très cher à la Compagnie chaque
fois qu'elle avait besoin de recourir à des émis-

---

(1) D'après l'estimation de la commission d'études, l'acquisition,
le transport et le montage du matériel représentent 150 millions. Les
travaux faits avaient coûté 489 millions, et les établissements fixes,
hôpitaux, logements, ateliers.... 52 millions. Il faut ajouter les intérêts payés aux actionnaires et aux obligataires, les frais de commission de banque, de publicité. d'administration.

sions. C'est ainsi qu'on arriva à engloutir 1,400 millions, alors que le travail réellement exécuté représentait une faible partie de cette somme énorme.

Dès les premiers jours, le liquidateur se heurta à des difficultés pécuniaires. L'argent manquait, et il fallait faire flèche de tout bois afin de conserver et de payer un personnel très réduit, mais indispensable pour assurer l'entretien du matériel et des travaux exécutés. Ces ennuis écartés, l'œuvre du liquidateur était des plus complexes. Il fallait : mettre de l'ordre dans ce chaos, faire étudier sur place par des hommes compétents et indépendants les travaux déjà effectués, fixer leur valeur au point de vue de leur cession à une nouvelle Société, dire le quantum à dépenser pour amener les travaux à bonne fin, réaliser les ressources nécessaires pour protéger et consolider les travaux déjà faits jusqu'au moment de la constitution d'une autre société, et enfin traiter avec de nouveaux actionnaires en sauvegardant le plus possible les intérêts et les droits des premiers.

Les difficultés de toutes sortes dont avait à triompher le liquidateur étaient analysées avec une remarquable précision dans un article du *Petit Journal* (1) dont nous citons une partie : « Nous avons eu la satisfaction de rendre hommage aux grands mérites du liquidateur, M. Brunet. Il était précédé d'une légitime réputation d'honneur et de capacité juridique ; il a déployé dans sa nouvelle mission d'autres qualités peut-être plus rares. Car nous pensons que la parfaite connaissance des affaires n'était pas suffisante pour traiter une question comme celle du Panama. La faillite d'une telle opération ne serait pas une

_____

(1) Voir le *Petit Journal*, 23 juin 1889.

faillite ordinaire, de même que la résurrection de l'entreprise aurait une importance exceptionnelle. Il fallait donc dans ce cas particulier plus que des notions spéciales, des lumières d'ensemble, plus que l'habileté du détail et la science des chicanes, des idées larges, généreuses, la résolution d'atteindre le but, de ne jamais se décourager en dépit des difficultés transitoires et des misères écœurantes de la procédure.

» Avec un zèle infatigable, M. Brunet a rétabli l'ordre dans une comptabilité délicate, ramené au strict minimum le chiffre des frais urgents et permis ainsi de gagner beaucoup de temps. Le temps ici c'est bien de l'argent.

» Une fois le plus pressé mis en règle, le liquidateur s'est préoccupé de débrouiller l'avenir...... il s'agit de bien étudier les meilleures conditions pour ne plus se tromper, pour marcher vers un but assuré par la voie la plus courte..... »

Après une série d'études et de négociations aussi longues que délicates avec de grands établissement financiers, le liquidateur adressa le 27 mai 1889 au gouvernement une lettre dans laquelle il exposait la situation critique de la Société et soumettait un certain nombre de projets qui devaient lui procurer l'argent absolument indispensable pour empêcher l'effondrement de l'affaire avant la constitution d'une nouvelle Société. « Il n'est plus possible d'attendre, disait-il. D'une part, la législature actuelle approche de sa fin, et il importe dès lors que le projet de loi auquel j'attache un si grand prix soit soumis à la Chambre et au Sénat sans un plus long retard. D'une part, mes ressources s'épuisent, et après avoir paré au plus urgentes nécessités par de véritables tours de force d'économies, je suis à la veille de me trouver en face d'une caisse absolument vide. Cela arrivant, je serais bien contraint de renoncer à une lutte

devenue impossible ; il me faudrait congédier, et
dans l'isthme de Panama et à Paris, un personnel
que je ne pourrais plus payer; il faudrait aban-
donner les travaux déja faits, les installations, un
matériel qui n'a pas coûté moins de 160 millions.
Ce serait un véritable effondrement et nous tou-
chons au jour où cet effondrement se produira si
l'aide que je sollicite des pouvoirs publics ne m'est
pas accordée. »

Dans l'intérêt de la demande adressée par le
liquidateur, on rappelait l'article 23 de la loi de
concession votée par le Congrès de Colombie, le
17 mai 1878 : « Dans tous les cas de déclaration
de caducité, les terres domaniales retourneront au
domaine de la République dans l'état où elles se-
ront, et sans indemnisation aucune, ainsi que les
édifices, matériaux, travaux et améliorations appartenant aux concessionnaires dans le canal et
ses dépendances..... »

Le gouvernement colombien a tout intérêt à
appliquer cette clause de l'acte de concession pour
traiter avec une nouvelle compagnie dans des conditions plus favorables : Les Chambres françaises
comprirent le danger que couraient les intérêts
des actionnaires et on accorda au liquidateur l'autorisation de vendre au-dessous du taux d'émission
primitivement fixé par la loi du 8 juin 1888 une
partie de 1,150,274 obligations à lots dont le rem-
boursement est garanti par un dépôt de rentes sur
l'Etat, qui n'étaient pas encore placées au moment
de l'ouverture de la liquidation, 4 février 1889.

Pendant ce temps, d'autres travaux non moins
utiles se poursuivaient sous l'inspiration de Brunet:
Une commission de onze personnalités scien-
tifiques considérables, réunie sous la présidence
de M. Guillemain, inspecteur général, directeur de
l'Ecole nationale des Ponts et Chaussées à Paris,
faisait le relevé des travaux exécutés et de ceux

restant à faire d'après les plans, coupes et devis transmis par les agents de Panama au siège social. Pour contrôler ces renseignements, la commission délégua cinq de ses membres, MM. Germain, président, Chaper, Cousin, du Chatenet et Lagout qui allèrent faire sur place des vérifications techniques et statistiques. Partie le 9 décembre 1889, la délégation rentra à Paris le 4 mars 1890.

Les membres restés en France n'étaient pas restés inactifs. Ils avaient continué le dépouillement des dossiers, entendu contradictoirement les personnes qui voulaient bien leur soumettre des plans d'achèvement du canal.....

Lorsque la commission fut au complet, on arrêta les bases des rapports résumant ses études, et le 5 mai 1890, son président adressait au liquidateur de la Société le rapport général, précédant seulement de quelques semaines la publication des rapports spéciaux, devant enfin faire connaître toute la vérité et lui permettre de tirer le meilleur parti possible de la situation. Prendre une décision définitive avant d'avoir des renseignements précis, comme on voulait l'y pousser et comme on a essayé de le blâmer pour ne l'avoir pas fait, ç'eut été agir avec une coupable légèreté.

Je puis cependant affirmer que l'exercice de ses fonctions de liquidateur ne lui avait pas fait oublier son ancienne profession de juge d'instruction. Il avait composé un dossier qui n'attendait pour être complété que les conclusions définitives de la commission d'études, et il avait été amené à différentes reprises à faire connaître le résultat de ses recherches à ceux qui seuls avaient le droit de mettre l'action publique en mouvement (1).

_____

(1) Dans un livre des plus intéressants. _Le Tombeau des Milliards_ _(Panama)_. M. Paul Pousolle a consacré tout un chapitre de justice et de vérité au rôle joué au Panama par M. Brunet qui « a fait tout ce qu'il était HUMAINEMENT possible de faire pour sauvegarder les intérêts confiés à sa vigilance. »

La popularité de Brunet était grande parmi les nombreux porteurs de titres dont il défendait les intérêts. Dans son cabinet, il était accessible à tous. Il assistait régulièrement aux tirages des obligations à lots, et chaque fois, dans un langage plein de charmes, de bonhomie et d'humour, il mettait ses mandants au courant de ses démarches, de ses espérances, et souvent des déboires et des amertumes de la situation. Mais dès le début il leur avait promis de rechercher la vérité, de la leur faire connaître, quelque dure qu'elle fût. Ils avaient été si souvent abusés qu'ils lui étaient reconnaissants de les initier aux détails les plus minutieux de cette grosse affaire.

Malheureusement, lorsque le rapport de la commission d'études fut déposé, Brunet n'était plus là.

Vers la fin de 1889, sa santé, toujours si délicate, altérée par un travail assidu et de constantes préoccupations, fut profondément atteinte par l'épidémie d'influenza qui sévit à cette époque. Malgré son énergie et ses efforts pour rester debout, il sentit bien vite faiblir ses forces et se rendit compte de la difficulté de conduire à bonne fin la tâche qu'il avait assumée. Il dût s'adresser au Tribunal de la Seine pour demander la nomination d'un successeur. Le Tribunal désigna M. Achille Monchicourt qui occupe encore aujourd'hui les fonctions de liquidateur.

VI

Brunet voulut se retirer définitivement à la campagne. Il s'installa à la Bourgade, dans cette maison si hospitalière où de nombreux amis venaient chaque année pendant les vacances passer quelques jours à jamais inoubliables, tant on était reçu avec cordialité, tant le maître si regretté déployait d'entrain, d'esprit et de bonne humeur.

Hélas, quel changement lors du retour vers ce coin de terre chéri ! Au lieu des longues promenades, le repos dans un lit de douleur. A la place des ouvriers empressés à exécuter les travaux conçus et arrêtés pendant les mois d'absence, les garde-malades à la démarche silencieuse. A part quelques jours de répit, pendant lesquels le malade pût être porté dans le jardin, les forces diminuèrent peu à peu. Ceux qui l'entouraient essayaient de se faire illusion, mais, lui, voyait sa fin prochaine et voulait mourir sans donner à ses amis le douloureux spectacle de son agonie. Retenus par leurs devoirs professionnels, ses fils (1) venaient passer auprès de lui les heures qu'ils pouvaient lui consacrer. Sa femme et sa fille ne le quittèrent pas un instant, et lorsque la paralysie l'empêcha de parler, un regard suffisait à leur faire comprendre ce dont il avait besoin.

Ainsi disparut cet homme de bien. Ce fut un

---

(1) L'aîné, Paul, est lieutenant en premier au 15me dragons à Libourne, le second, Joseph, habite Paris.

homme dans toute l'acception que les anciens
donnaient à ce mot. Une haute et vive intelligence,
un cœur bon et droit, un dévouement à toute
épreuve à son pays et à ses amis, une probité
publique et privée reconnue par tous, une grande
dignité de vie, telles sont les qualités qui l'ont poussé
au premier rang et qui feront dire avec justice
qu'ils sont dans la vérité ceux qui l'ont aimé et le
regrettent de tout cœur !

Edouard DECOUX-LAGOUTTE,

*Ancien Chef du Cabinet du Ministère de l'Instruction
publique, des Cultes et des Beaux-Arts,
Maire de Trélissac.*

www.ingramcontent.com/pod-product-compliance
Lightning Source LLC
LaVergne TN
LVHW022019080426
835513LV00009B/791